CONSIDÉRATIONS

SUR LA CRÉATION

DES

FRANCS-TIREURS

VOLONTAIRES

Par VICTOR CRU

LILLE

IMPRIMERIE ET PAPETERIE DE A. DEGANS

53, RUE DU FAUBOURG-NOTRE-DAME, 53.

MDCCCLXXI

CONSIDÉRATIONS

SUR LA CRÉATION

DES

FRANCS-TIREURS

VOLONTAIRES

PAR VICTOR CRU

LILLE
IMPRIMERIE ET PAPETERIE DE A. DEGANS
53, RUE DU FAUBOURG-NOTRE-DAME, 53.

MDCCCLXXI

AUX LECTEURS

—

En 1866, après la bataille de Sadowa qui démontra l'incontestable supériorité de l'arme prussienne et l'immense avantage de forces militaires doubles, la France craignit un instant une guerre redoutable. C'est alors qu'on vit surgir dans nos départements frontières, des corps de volontaires, qui sous le nom de Francs-Tireurs, vinrent offrir au gouvernement le concours de leur patriotisme.

Je crois utile de publier de nouveau le rapport joint à la demande d'autorisation que j'ai adressée au Ministre de la guerre en 1868, pour la création à Lille, d'un Corps de Francs-Tireurs, et dont l'exposé repose exclusivement sur les nécessités stratégiques de la défense territoriale.

Chacun connait ce qu'ont valu les Corps Francs pendant la campagne qui s'est terminée à la Convention de Versailles ; puisse le gouvernement de la République les réorganiser comme : « annexe à la Garde mobile, » suivant la loi du 1er février 1868. Nos lecteurs n'ignorent point, que maintenant, l'emploi des Francs-Tireurs est de tous les lieux et de tous les instants, mais il faut les rattacher à une organisation *bien entendue*.

Lille, 15 juin 1871.

V. Cru.

CAPITAINE ADJUDANT-MAJOR,

Aux Francs-Tireurs du Nord.

PREMIÈRE PARTIE

I

L'âme des armées, c'est l'infanterie ; les autres armes gravitent autour d'elle, secondent ses efforts, achèvent ses succès, mais ne peuvent rien sans elle. Cependant on a peine à se fixer sur la meilleure formation à donner aux compagnies de Francs-Tireurs, bien qu'on soit généralement d'accord sur les principes de la tactique et de l'organisation de l'artillerie, et que les idées sur l'attaque et la défense des places soient bien arrêtées.

Je n'ai point la prétention, et je désire qu'on le sache, de présenter des idées nouvelles ; mon thème, le voici : l'organisation, dans les places fortes de nos frontières, de compagnies de Francs-Tireurs volontaires, destinées à former une troupe d'une espèce particulière, tenant de l'artillerie par la tactique et les résultats, constituant le type de la défense passive par le feu (*).

Le premier raisonnement qui se présente dans cette question si compliquée, c'est celui-ci : L'art de

(*) La force principale de l'infanterie, dit le général Jacquemin, est toute répulsive et réside dans ses feux.

Les feux de tirailleurs sont les meilleurs de l'infanterie. (Général Vial.)

la guerre n'est point conjectural, mais basé sur des faits; dans les questions d'organisation, l'expérience est un guide dont on ne peut s'écarter sans danger. La guerre qui vient de se terminer par les traités de Prague et de Vienne, a prouvé l'incontestable supériorité de l'arme prussienne sur les différents modèles en usage dans les armées de l'Europe et a laissé des enseignements nombreux; les grandes puissances, profitant du passé, ont donné à leur armée une organisation nouvelle et des auxiliaires en harmonie avec les besoins du service de la défense; de plus, elles ont fait subir à leur armement les transformations par lesquelles elles espèrent voir cesser leur infériorité relative vis-à-vis de la Prusse. Je passe en revue quelques-unes des armées de l'Europe.

L'Angleterre (en 1867), par l'organe de M. Disraëli, a alloué supplémentairement une somme de 495,000 livres sterling pour fournir son armée de meilleures armes. L'Autriche a fait sur le champ de manœuvre de Schmelz, l'essai comparatif de nouvelles armes se chargeant par la culasse. La Russie, l'Italie et la Belgique transforment leur armement. Enfin, en France, sur la proposition de Son Excellence le Ministre de la Guerre, l'Empereur a décidé que le fusil à aiguille, système Chassepot (fusil modèle 1866), serait adopté pour l'armement des troupes.

Je laisse à des juges plus compétents que moi, la tâche d'indiquer les modifications tactiques et stratégiques que cette transformation dans notre armement peut nécessiter; je vais seulement chercher si, par suite de cette transformation, il n'est pas possible de créer, dans chaque ville forte, des compagnies de Francs-Tireurs volontaires, armés de la carabine rayée-carabine Minié (*).

(*) La justesse et la longue portée des fusils nouveau modèle, dit le général Renard dane son bel ouvrage sur la cavalerie, rend maintenant très dangereux les combats de tirailleurs.

Maintes fois déjà, et par suite de la transformation de notre armement, on a contesté l'utilité de nos Tirailleurs ou Francs-Tireurs; bien des débats se sont élevés sur cette question; pour moi, je suis depuis longtemps persuadé que les Francs-Tireurs, bien organisés, rempliraient le but de leur création, et je vais exposer les motifs sur lesquels je me base pour formuler mon opinion.

II

La création des Francs-Tireurs constituerait l'emploi bien entendu d'un admirable élément national, et je dois m'appesantir sur cette observation.

Certes, dans notre pays (*), qui renferme des populations ne le cédant à aucune au monde pour l'élégance et le poli des mœurs et chez lesquelles on remarque encore cet esprit de corps et d'associations qu'elles ont retenu de leurs anciennes coutumes, il serait facile de grouper, en une ou plusieurs compagnies, un certain nombre d'hommes propres à former un corps de Francs-Tireurs volontaires. Les Lillois, toujours animés des sentiments les plus nobles, les plus susceptibles de produire de grandes actions — sentiments qui se manifestent chez eux par l'amour de la Patrie — seront toujours les dignes descendants de leurs ancêtres. Qui ne connaît l'histoire des Canonniers sédentaires de Lille? Qui peut rester froid au récit de leur conduite en 1792, lorsqu'ils abandonnèrent leurs maisons, leurs femmes et leurs enfants, pour prêter le serment de vaincre ou de

(*) Je parle de Lille.

mourir? Ils avaient à combattre les armées autrichiennes, et leur âme n'en fut pas ébranlée.

On concevra facilement qu'avec de tels hommes on peut faire de grandes choses.

Un fait que je mettrai en avant et qui milite en faveur de la création que je propose, c'est l'existence en Prusse, en Autriche, en Angleterre, en Italie, en Suisse et en Belgique, de compagnies de Francs-Tireurs, de sociétés de tir, enfin de compagnies de Partisans, appelées, au cas échéant, à concourir à la défense de leur pays; serons-nous les seuls à ne pouvoir opposer à cette institution, une institution semblablement organisée?

On me constestera sans doute l'utilité des Francs-Tireurs comme partie constitutive d'un bataillon; d'après mon système, j'entends les organiser en corps séparé de l'infanterie et en faire, avec les carabines rayées à longue portée, une *arme-aide* comme l'artillerie. Il leur incomberait, comme service, toutes les fois que la place serait mise en état de siége, de :

1° Défendre les parties isolées et importantes du terrain, les défilés, les ponts rompus, etc., etc.

2° Défendre les maisons, les cours, les abattis, les remparts et les ouvrages avancés.

3° Aider aux combats.

4° Couvrir l'artillerie.

Enfin, on leur assignerait un service purement défensif, on les ferait combattre sous la protection immédiate des autres armes et dans des positions à l'abri de toute surprise, ce sont là les conditions du succès.

Aux objections de mes contradicteurs, je signalerai une preuve remarquable, entre une foule d'autres, dans un fait d'armes bien connu, où les carabiniers, employés dans des circonstancse favorables réalisèrent un résultat de la plus haute importance.

En 1798, Masséna, après l'abandon du camp retranché de Zurich, voulait se tenir sur la défensive et observer les mouvements des Autrichiens, mais, contraint de céder aux ordres du Directoire, il fut obligé de renforcer sa droite sous Lecourbe, afin d'inquiéter, par le Simplon et le Saint-Gothard, la jonction du corps russe avec le prince Charles. La gravité de ce mouvement n'avait pas échappé à ce dernier, qui résolut de tourner la gauche des Français en forçant le passage de l'Aar dégarni; de cette façon il se jetait dans le Jura, coupait Masséna de sa ligne d'opération et changeait peut-être les destinées de la France. Dans la nuit du 16 au 17 juillet, 20,000 Russes et 30,000 Autrichiens s'avancent sur l'Aar, protégés par une forêt qui dérobe leur marche aux faibles détachement français chargés d'observer les rives du fleuve.

Klein-Dettingen est choisi comme point de passage: là se trouvaient par hazard deux compagnies composées des officiers et des sous-officiers restés fidèles à la France après la dispersion des milices de Zurich; elles étaient armées de carabines rayées. Les Autrichiens lançent leur pont sous la protection du feu d'une artillerie formidable. En peu d instant, Klein-Dettingen est réduit en cendres. Mais le lit rocailleux de la rivière repousse l'ancrage, on perd du temps, et par un oubli inexplicable, on n'a point de bateaux pour jeter sur l'autre bord des fantassins qui protégeraient les travaux. Alors les carabiniers suisses, n'ayant à redouter que le canon, rentrent résolûment dans Klein-Dettingen, s'abritent sous ses décombres, et leurs balles forcées lancent la mort aux pontonniers assez intrépides pour agir à découvert. En peu d'instants les pontons sont vides de leurs mariniers, ceux qui leur succédent tombent également, la construction du pont traîne en longueur, le temps s'écoule, le général Ney, averti du danger par les détonations de l'artillerie ennemie, a le temps de se porter avec des troupes sur le point menacé, et vers le milieu de la journée, 10,000 républicains en bataille, entre Lutgeren et Bozstein, montrent aux Autrichiens stupéfaits que le passage leur est devenu désormais impossible. L'archiduc dut réclamer comme une faveur la permission de retirer ses pontons en offrant de cesser le feu.

Supposons maintenant de l'artillerie française dans Klein-Dettingen, elle aurait été écrasée par l'artillerie supérieure de l'ennemi; les fusils ordinaires auraient été bravés en cette circonstance, des carabines justes et de grande portée obtinrent et pouvaient seules obtenir de tels résultats.

Ainsi, dit Jomini, quelques centaines de bons tireurs, favorisés par le hasard, firent avorter une des opérations les mieux combinées de cette guerre, et la République recueillit autant de fruit de leur intrépidité que du gain d'une bataille.

Ce seul fait, auquel je pourrais en joindre d'autres plus récent (*), n'a pas besoin de commentaires.

III

Pour qu'un corps de Francs-Tireurs réussit dans le Nord, et notamment à Lille, il faudrait en préparer les éléments, et l'on en a les moyens. Puisque chaque ville et village a ses compagnies ou sociétés de tireurs d'arc, d'arbalète, etc., etc. (**), que le gouver-

(*) Les tirailleurs de tranchée au siége de Rome, en 1849, et en 1854 et 1855, les Francs-Tireurs et les Tirailleurs de tranchée au siége de Sébastopol.

(**) Plusieurs villages et gros bourgs ont des sociétés de tir.

nement emploie toute son influence pour régulariser ces jeux, derniers vestiges de l'esprit guerrier des communes au moyen-âge, et leur donner une certaine uniformité; qu'il adopte une carabine propre à l'emploi auquel on la destine; que des concours fréquents aux frais des communes et de l'Etat offrent un aliment à l'émulation des tireurs, et le goût de ces exercices ne tardera pas à se propager.

Cette institution, qui certainement relèverait l'importance du tir, serait utile à l'organisation de la garde mobile, attendu que celle-ci (et l'armée active), y trouverait des jeunes gens préparés au service et des tireurs capables de rivaliser avec ceux de l'Allemagne, parce qu'ils seraient formés des mêmes éléments.

En cas de guerre, si l'ennemi envahissait notre territoire, ces masses de tireurs, répandus dans les campagnes, rendraient avec leurs carabines des services véritables et qu'on attendrait inutilement de nos sapeurs-pompiers ou gardes nationaux, armés de fusils de munition dont ils ne se sont jamais servis et qu'ils ne connaissent pas.

Je le répète, ce que je propose ne serait point difficile à réaliser dans nos villes frontières, et surtout à Lille. Les avantages à retirer d'une pareille organisation *bien entendue* valent la peine qu'on l'examine et qu'on y consacre quelque argent.

DEUXIÈME PARTIE

I

Dans la première partie de ce travail, j'ai montré l'utilité des Francs-Tireurs; je vais maintenant prouver que la création de ce corps n'est pas inópportune, et de plus qu'elle est nécessaire dans une place forte. Pour cela, je m'appuierai sur différents auteurs qui ont traité de la défense des places. Mon but essentiel est de démontrer que cette création est possible, et que c'est par la combinaison des moyens de défense, qu'une frontière peut offrir, qu'on obtient le maximun des dispositions de tous les genres de résistance. Mon projet est réalisable, en ce moment même, à Lille, sans préjudices pour les autres corps municipaux, attendu qu'une société composée d'anciens sous-officiers et de soldats, est toute prête à former le noyau de cette nouvelle milice.

Je rencontrerai sans doute beaucoup de personnes auxquelles il ne faut point proposer d'innovations; ce n'est cependant que par des innovations que les arts font des progrès. Les premiers essais en toutes choses sont ordinairement imparfaits, mais ils renferment quelquefois le germe de vérités utiles; donc il serait à souhaiter que l'on voulût peser ces réflexions mûrement, pour différents intérêts, sans passion et sans préjugés.

Je le répète, la création que je propose ne peut porter aucun préjudice aux corps municipaux de Lille. L'existence de ces corps est un élément d'émulation trop vivace pour qu'il ne soit pas téméraire d'y toucher, une fois des noms donnés et des traditions établies, les abolir serait impolitique, car le soldat voue aux traditions glorieuses de son régiment un culte aussi grand qu'à son étendard, et de ce culte souvent surgissent des merveilles. Aussi est-ce chez eux qu'il existe le plus de ce feu sacré qui s'éteint tous les jours, et je regarderais comme un crime la tentative qui menacerait d'en étouffer les dernières étincelles; ce serait un crime surtout en présence du matérialisme grossier qui pénètre tous les jours plus avant dans nos mœurs, remplaçant par l'amour de l'or et du bien-être matériel, les idées morales et l'amour de la Patrie, alors que les puissances étrangères maintiennent leurs armées dans une tension nerveuse et fixent leur attention sur nos institutions militaires. D'ailleurs, les grands capitaines ont toujours eu un respect religieux pour les traditions établies, et plutôt que d'y porter une main maladroite, ils ont préféré, parfois, conserver une organisation vicieuse et contraire à leurs idées.

En ce qui concerne l'opportunité de la création dont il s'agit, relativement à la défense des places, voici ce que dit M. Imbert, officier supérieur du génie : « Il ne faut pas attendre qu'une place soit investie pour la mettre en état de soutenir un siége, car il y a un grand nombre de dispositions qui doivent être faites avant cette époque, en sorte que, lorsqu'elle arrive, on n'ait plus rien à faire qu'à régler ses mesures sur les dispositions de l'ennemi et sur celles seulement qu'on ne pouvait prévoir.

Ainsi, le premier soin qui doit occuper, est d'étudier tout ce qui concerne la défense de la place, dont on fera une reconnaissance détaillée sous le rapport d'une attaque prochaine.

. . . .

On examine le parti qu'on peut tirer des habitants Quels qu'ils soient, on peut les employer aux travaux de la défense et les organiser pour le service intérieur en compagnies de gardes-feu. Ces compagnies, composées des habitants d'un même quartier, surveillent par des sentinelles la chute des bombes et la direction des boulets rouges. Pour assurer les secours, chaque habitant est tenu d'avoir, devant sa maison, des cuviers pleins d'eau, des sceaux ou paniers de cuir, et les différents quartiers doivent être pourvus d'un certain nombre de pompes portatives. Ces précautions bien organisées rassurent l'habitant, elles empêchent le désordre et la confusion qui font autant de mal, et souvent plus, que les projectiles. »

M. le général Bellavène, dans son cours de fortification, dit ceci : « Afin de gêner l'assiégeant, autant que possible, dans ses dispositions, pour reconnaître les dispositions des fronts et du terrain sur lequel il se propose de conduire ses attaques, il faut avoir un certain nombre de tirailleurs embusqués pour surprendre les personnes chargées de ces reconnaissances.

. . . .

Si, à mesure que l'assiégeant fait des progrès, les feux de l'artillerie de l'assiégé s'affaiblissent, d'un autre côté ce dernier acquiert une nouvelle force par le feu de sa mousqueterie, dont le bon emploi force l'assiégeant à marcher à la sape dès la seconde parallèle.

. . . .

On place les meilleurs tireurs dans le chemin couvert, en leur recommandant de s'occuper plus à bien ajuster que de réitérer souvent leurs coups.

. . . .

Si l'ennemi attaque le chemin couvert pied à pied, on y placera d'excellents tireurs avec des fusils de remparts.

. . . .

Dans son *Essai sur la défense militaire de la France,* le général de Vaudoncourt s'élève aussi pour l'organisation de tirailleurs organisés en bataillon, n'ayant besoin, en fait de manœuvre, que de connaître les principaux mouvements de l'école de bataillon, attendu qu'ils n'ont jamais à paraître dans la ligne de bataille, et que leur rôle est de se tenir partout en dehors de l'espace occupé par l'armée. Leur rôle, quand on combat, est d'observer l'ennemi le plus possible.

Il résulte de tout ce qui précède que la création d'un corps de Francs-Tireurs est nécessaire. Que partout il faut des tirailleurs, des tirailleurs!... de la puissance individuelle !...

II

On dira, ainsi que l'a judicieusement observé le général d'Arçon, par exemple, « qu'à la manière » dont on attaque les places aujourd'hui, avec des » moyens d'artillerie monstrueux, il n'est plus per- » mis, en cet état de choses, de faire participer les » citoyens des villes à ces désastres, que la masse des » habitants, dans les villes plus ou moins peuplées, » pourrait se soulever et forcer la partie militaire à » des redditions prématurées ; qu'en conséquence » il faut abandonner toutes les communes fortifiées, » raser ces remparts qui leur attirent tant de cala- » mités, se porter en des lieux inhabités, y élever » des fortifications et fonder ainsi des places toutes » militaires et rien que militaires. »

Loin d'affaiblir l'objection, je ne sais si elle a été

présentée sous des dehors aussi favorables; quoi qu'il en soit, ces assertions paraissent assez fortes pour mériter un examen. Nous observerons d'abord que les partisans de cette opinion ont peut-être trop affecté de grossir la somme de calamités auxquelles les villes assiégées se trouvènt exposées; que ce n'est pas d'aujourd'hui que l'on pratique l'usage des bombardements et matières incendiaires; que ces moyens de destruction furent anciennement très-accrédités; ce qui n'empêche pas que, du sein de ces villes embrasées, on ne vit sortir les plus vigoureuses défenses; que, dans ces temps-là, on savait très-bien parer et remédier à ces accidents, et qu'à l'avenir les progrès de l'industrie conservatrice fourniront, pour pour s'en garantir, des ressourses bien autrement effectives. On observe d'ailleurs, qu'en jetant les yeux sur toutes les villes qui ont éprouvé ces malheurs pendant la guerre de la révolution, on ne laisse pas de les retrouver encore florissantes. Nous ne parlons pas d'un grand nombre de communes, grandes ou petites, qui ont éprouvé de véritables désastres; mais ce n'était pas assurément comme places de guerre, puisque celles-là précisément ne sont point fortifiées : ce qui les a dévorées, ce sont les feux empoisonnés de la discorde, cent fois plus violents et plus désastreux que tous ceux des guerres extérieures. Mais nous citerons les bombardements de Lille, Thionville, Landeau et d'autres encore; peu de temps après, tout était réparé. Les indemnités nationales ont effacé ces malheurs du moment, et les citoyens, loin de s'en plaindre, s'enorgueillissent de leurs pertes et de leurs dangers; loin de provoquer des redditions, ils ont même contribué essentiellement à leur défense.

III

Je vais me résumer et conclure, conjurant le lecteur de me pardonner les redites dans lesquelles il m'arrivera nécessairement de tomber.

J'ai démontré l'utilité des Francs-Tireurs volontaires, la nécessité de leur création et aussi la facilité avec laquelle on peut immédiatement les former à Lille. Maintenant, c'est à l'autorité à profiter du zèle et du petriotisme d'hommes dévoués, qu'il appartient de doter notre ville d'une institution destinée à être utile au pays et à rendre de véritables services à notre jeunesse. Ce que je demande pour Lille n'est pas sans précédents : Paris, Lyon, Marseille, Metz, Epinal, Givors, Saint-Etienne, Toul, Besançon, Frouard, Neufbrisach, Colmar, Saverne, Mirecourt, Lamarche, Nancy, Ars-sur-Moselle, Verdun et d'autres villes de l'Est possèdent des compagnies de Francs-Tireurs que le gouvernement encourage d'une manière efficace.

A l'appui de ce que j'avance, je vais citer quelques preuves :

M. le général de Chaumont, commandant la place de Lyon, a donné aux Francs-Tireurs lyonnais l'autorisation de tirer au grand camp, sur les buttes qui servent ordinairement au tir de l'infanterie.

Cette mesure n'est-elle pas la consécration des paroles que le maréchal Niel prononçait en 1868, et sur lesquelles on ne saurait trop appeler l'attention de la jeunesse :

« Nous préviendrons les jeunes gens que, s'ils veulent étudier chez eux, à leurs loisirs, le maniement des armes et l'école du soldat, ils seront dispen-

sés de paraître aux réunions d'exercices. Je suis persuadé que beaucoup d'entre eux, faisant appel à la bonne volonté des anciens officiers et sous-officiers de l'armée, instructeurs excellents que l'on retrouve partout, dans les villes comme dans les campagnes, s'empresseront de mettre à profit ce moyen si commode pour eux de s'exonérer de l'une des obligations de la loi, en se faisant donner, sans qu'il en coûte rien à l'Etat, les premières notions de l'instruction militaire.

» L'autorité militaire, de son côté, sera d'autant mieux disposée à tenir bonne note des résultats ainsi obtenus qu'elle y trouvera une grande diminution dans le nombre des jeunes gens à instruire. »

Qui oserait encore contester l'utilité des compagnies des Francs-Tireurs, après une telle déclaration?

Voici une preuve bien plus patente et qui mérite, je crois, toute l'attention du lecteur :

Les Francs-Tireurs de Frouard (Meurthe)(*), organisés en novembre 1867, ont reçu de Son Excellence le ministre de la guerre des carabines de chasseurs à pied et l'autorisation de prendre à l'arsenal de Metz, à prix d'inventaire, les cartouches modèle 1859, qui seront nécessaires à leurs exercices.

Que vont dire les pessimistes qui soutiennent, malgré tout, que le gouvernement français n'encourage jamais les compagnies de Francs-Tireurs?

Je termine et je répète qu'au point de vue de l'exercice et des bénéfices que l'on doit retirer de l'organisation des Francs-Tireurs, cette institution mérite d'être sérieusement encouragée. On doit, en effet, souhaiter de voir de semblables idées se propager, il serait même à désirer qu'elles pussent passer dans nos mœurs. Et si, au lieu de ces distractions

(*) Commune de 2,000 âmes environ, située à 9 kilomètres de Nancy, entre Nancy, Pont-à-Mousson et Metz.

efféminées auxquelles se livre à notre époque la jeunesse dorée, on pouvait arriver, comme jadis à Sparte et à Rome, à mettre en honneur les exercices du corps, on préviendrait assurément ces constitutions étiolées qui s'épanouissent tristement sous les feux du boudoir ou de la salle de jeu; et le langage moderne n'aurait pas trouvé ces mots de petits-crevés, qui dépeignent de nos jours, d'une manière si fâcheuse et cependant si juste, nos jeunes hommes à la mode.

Puissent ces considérations trouver de l'écho chez les gens qui sentent encore couler dans leurs veines le sang des volontaires de 1792.....

Puissent ces considérations être accueillies favorablement par la bienveillance de notre sage administration, dont la sollicitude est si grande pour tous les intérêts du pays...

Je termine ces réflexions et soumettrai prochainement le projet de « Constitution du corps des Francs-Tireurs volontaires. »

Pour tout ce qui précède, j'abandonne à la justice du lecteur les défauts qui viennent d'une exécution rapide; je réclame son indulgence pour ceux qui me sont personnels, et serais heureux d'obtenir la faveur d'être utile à mon pays.

Lille, septembre 1868.

www.ingramcontent.com/pod-product-compliance
Ingram Content Group UK Ltd.
Pitfield, Milton Keynes, MK11 3LW, UK
UKHW021027220726
13924UKWH00001B/155